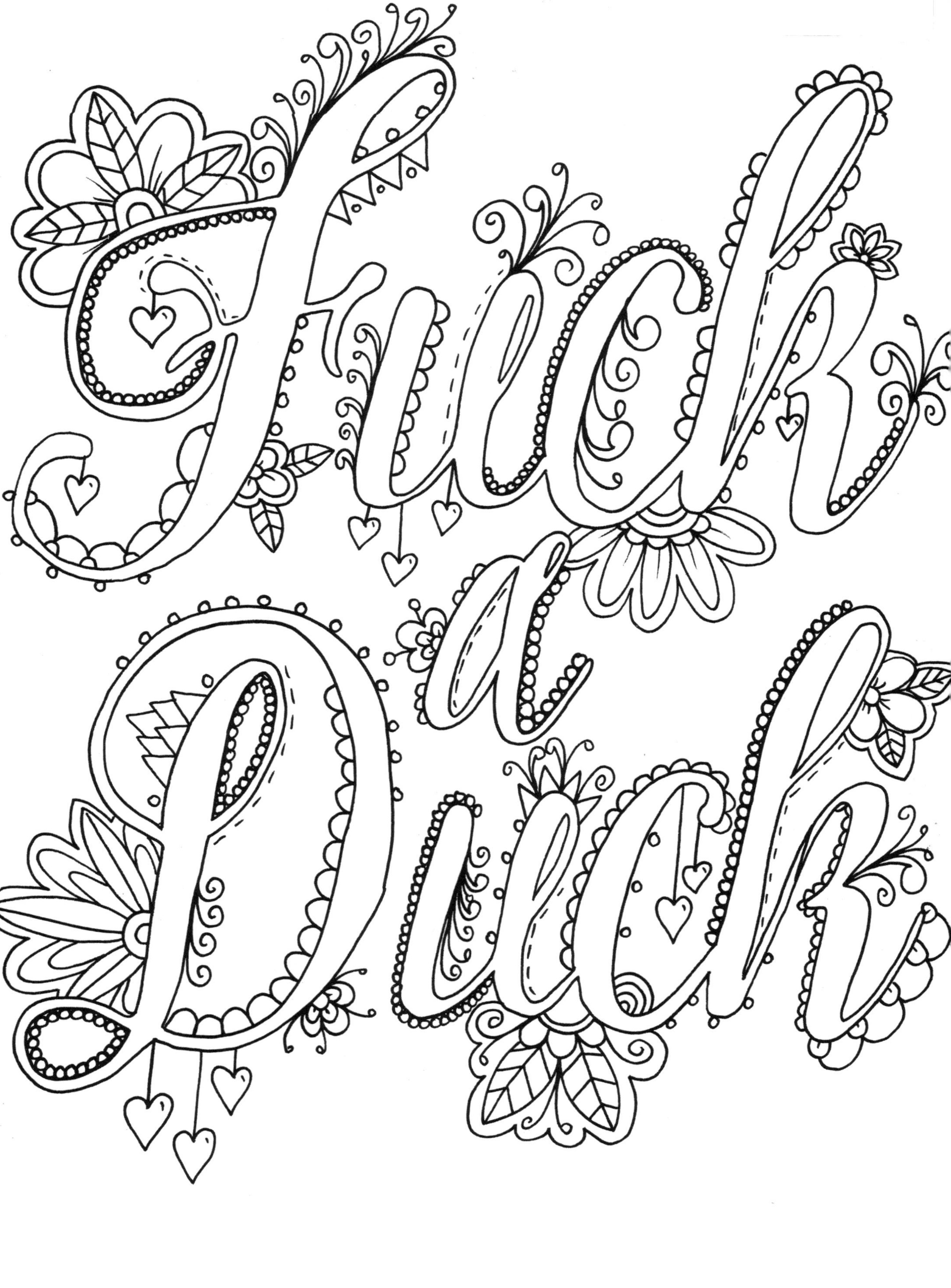
Fuck
a
Duck

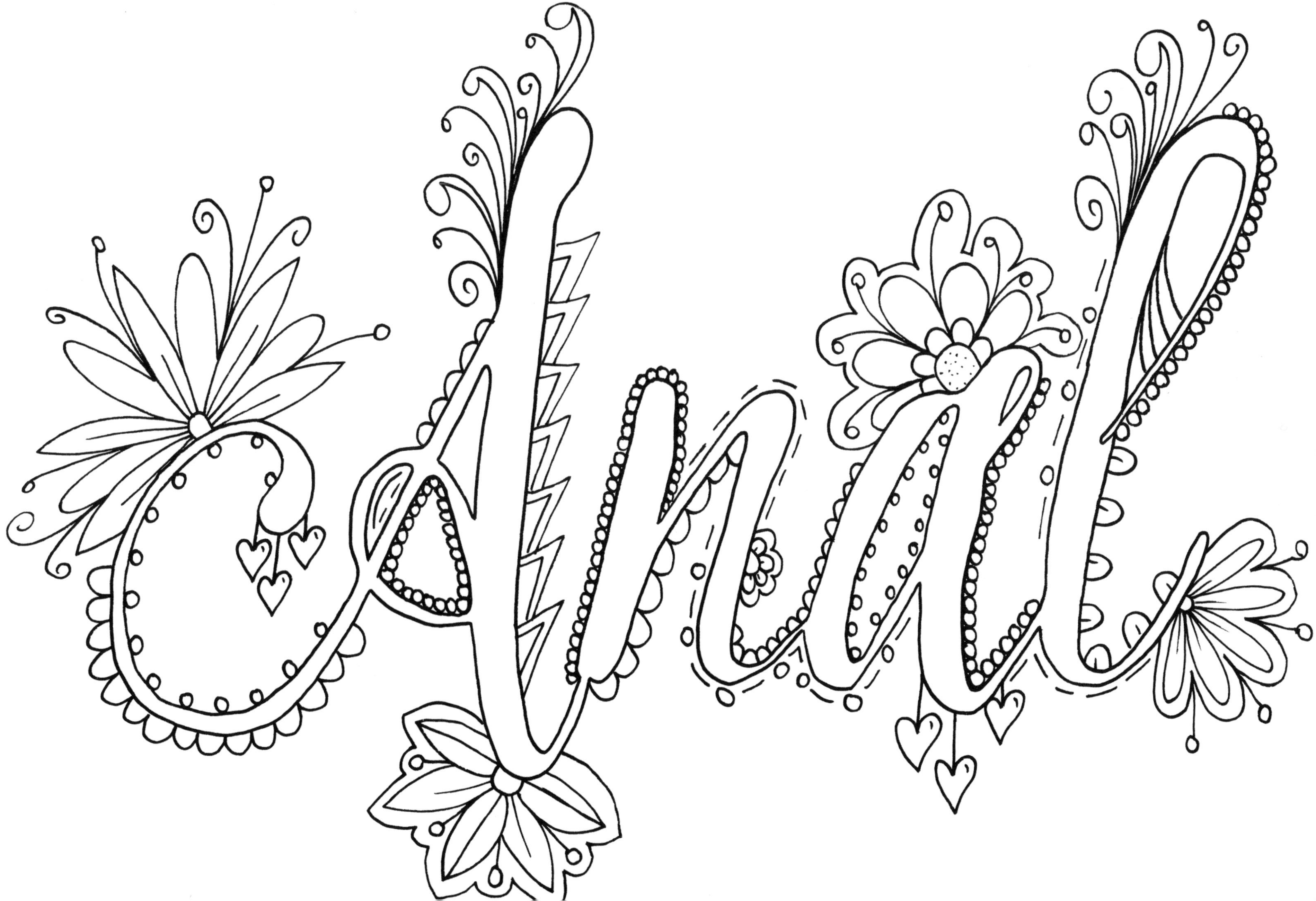
Anal

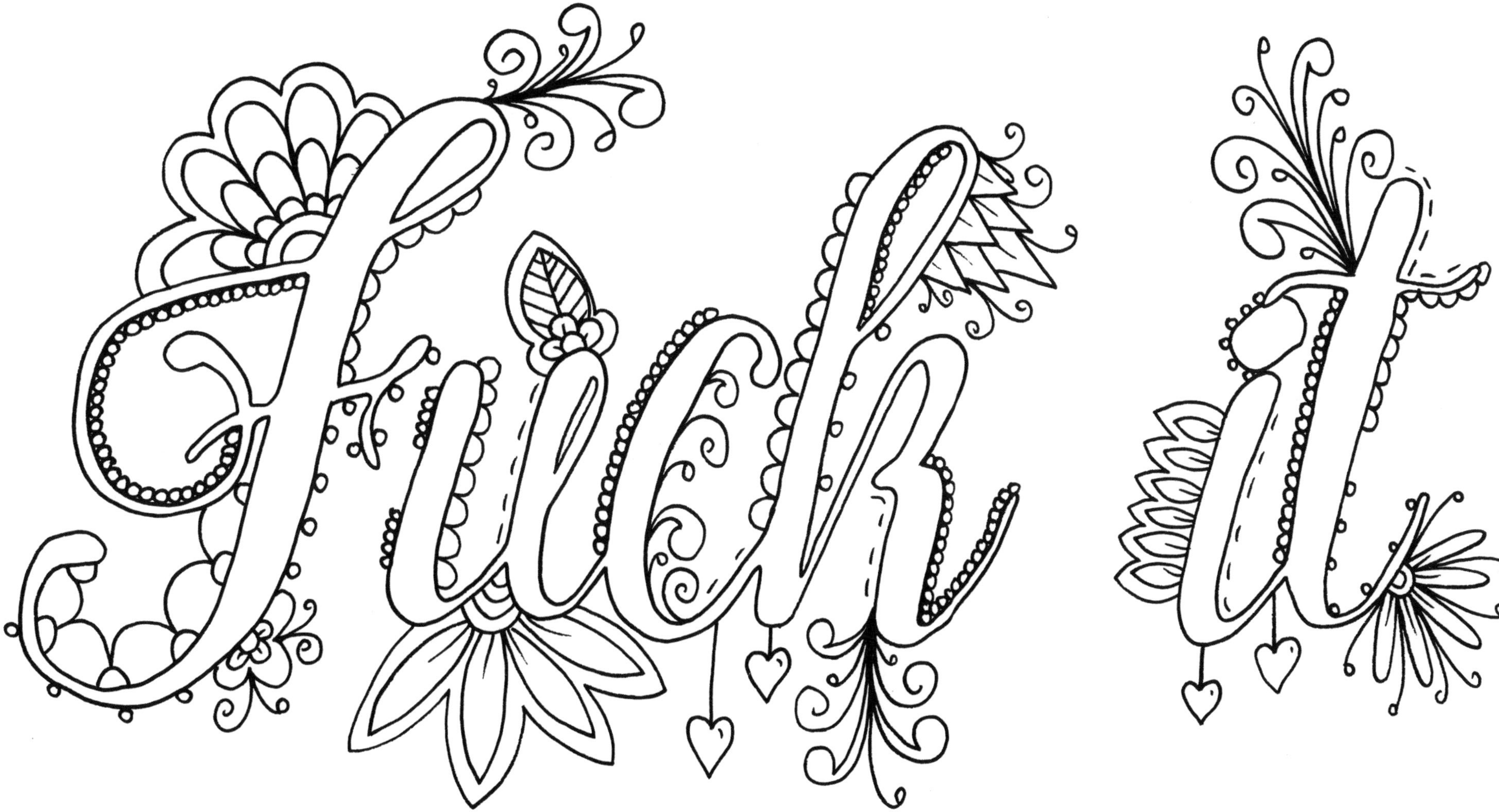
Fuck it

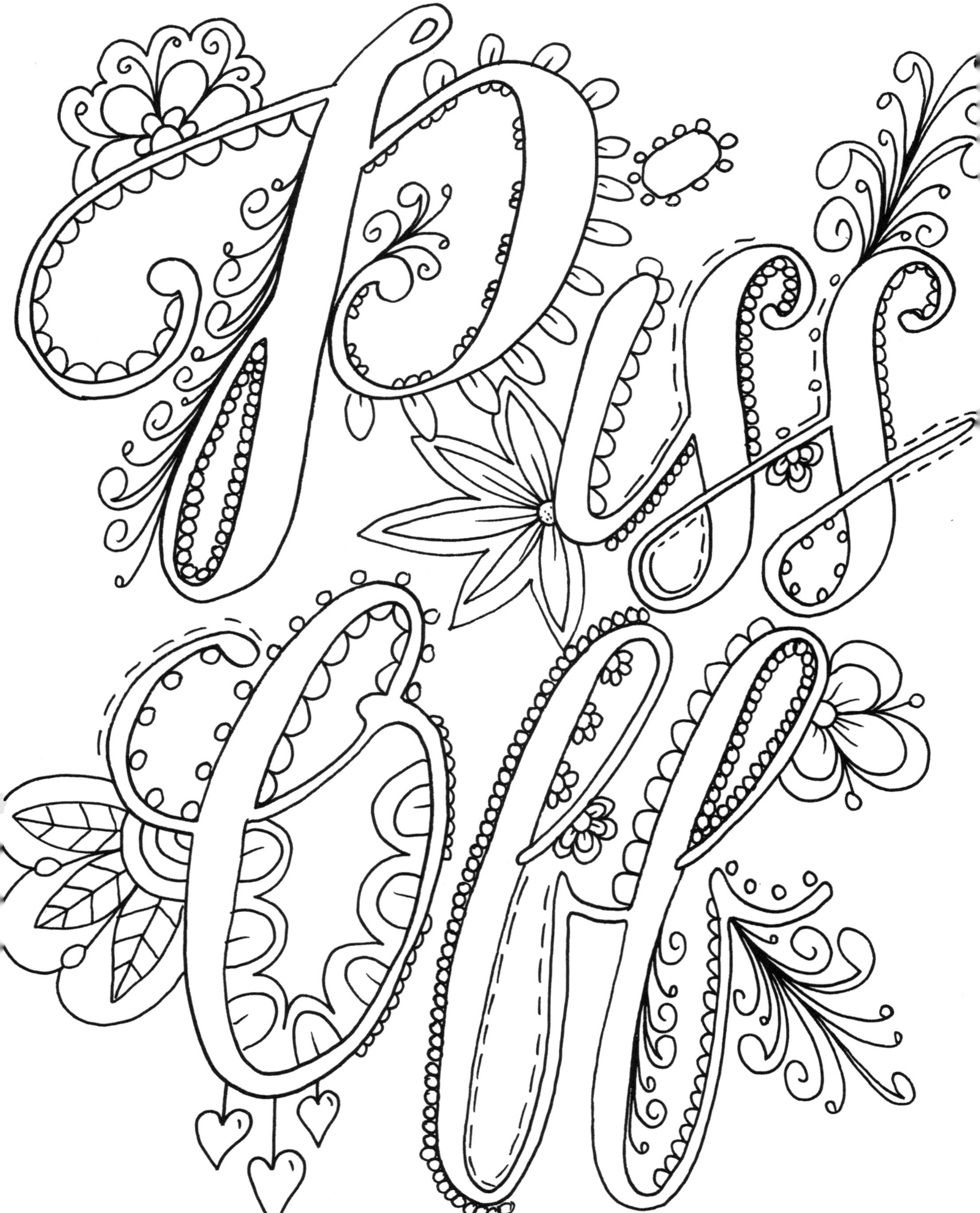
Piss
Off

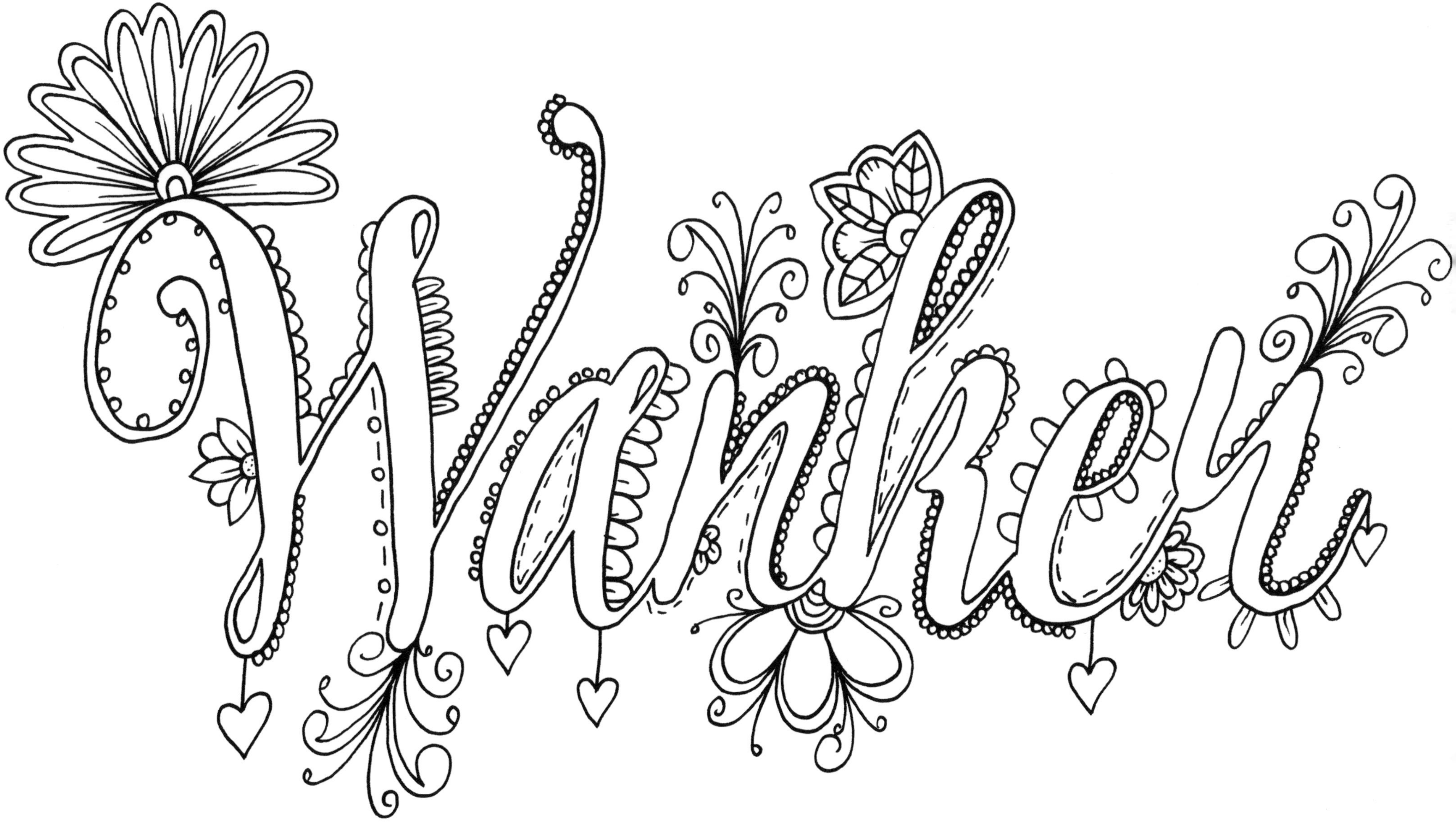
Wanker

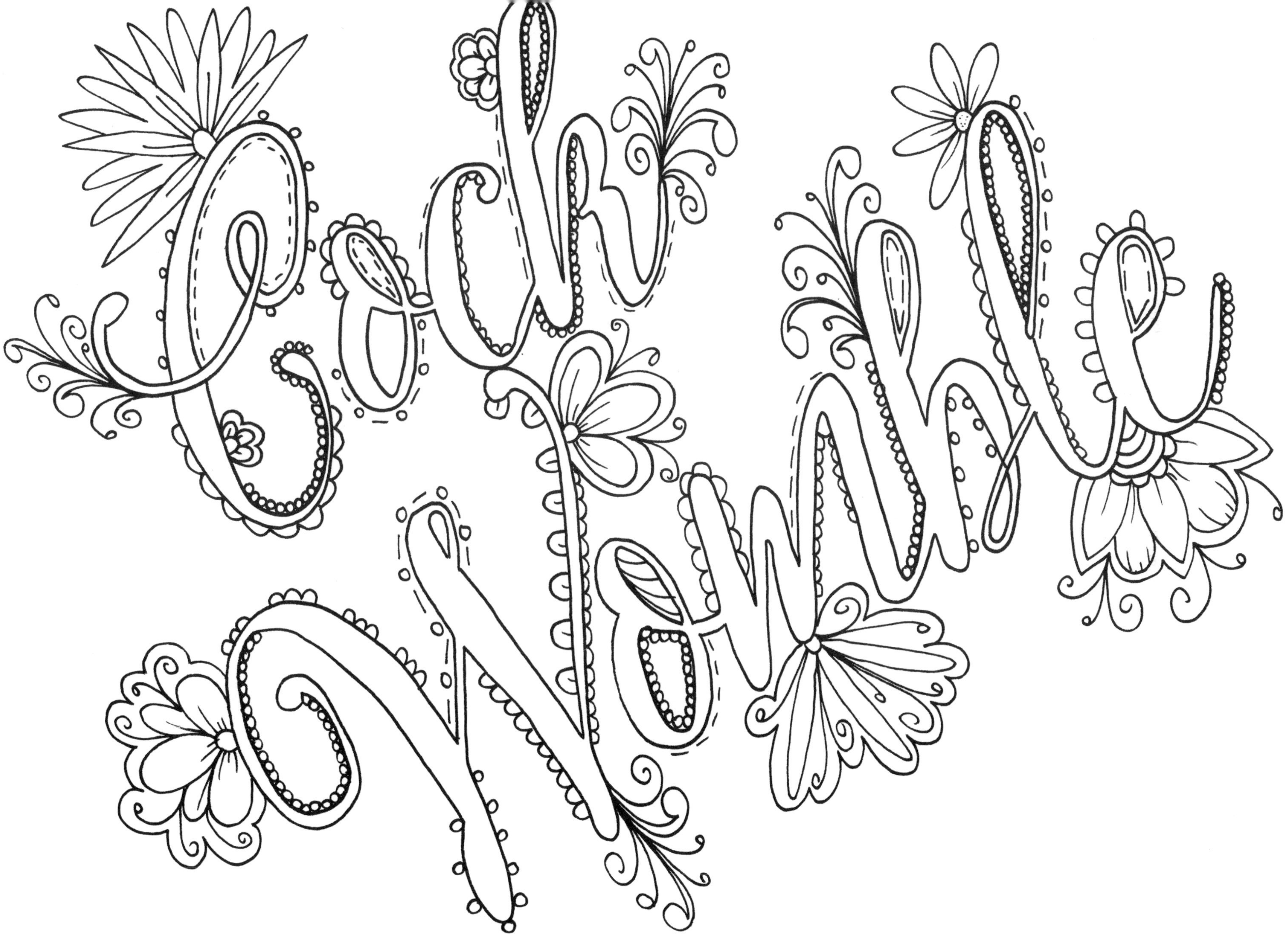

Cock Womble

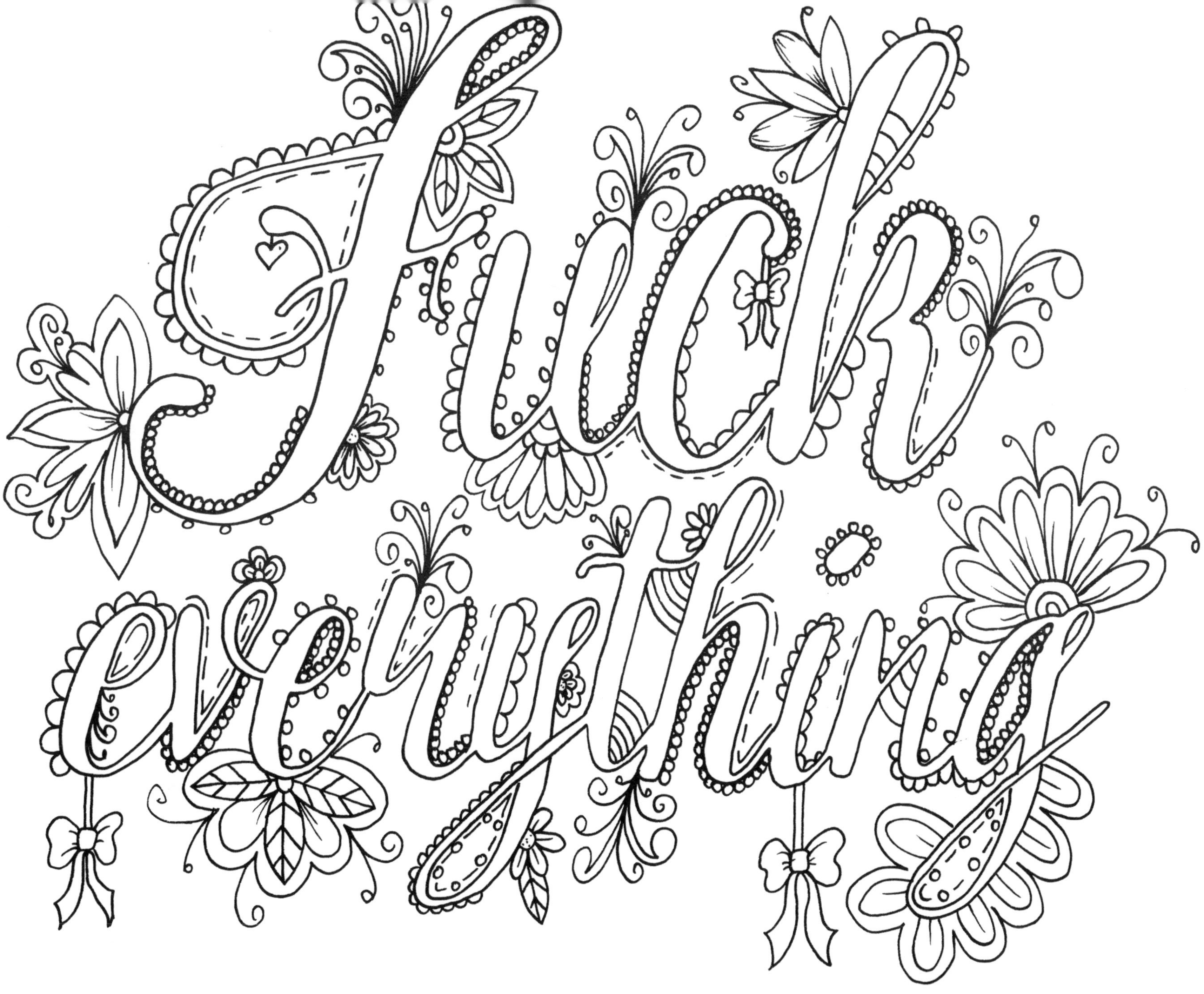
Fuck
everything

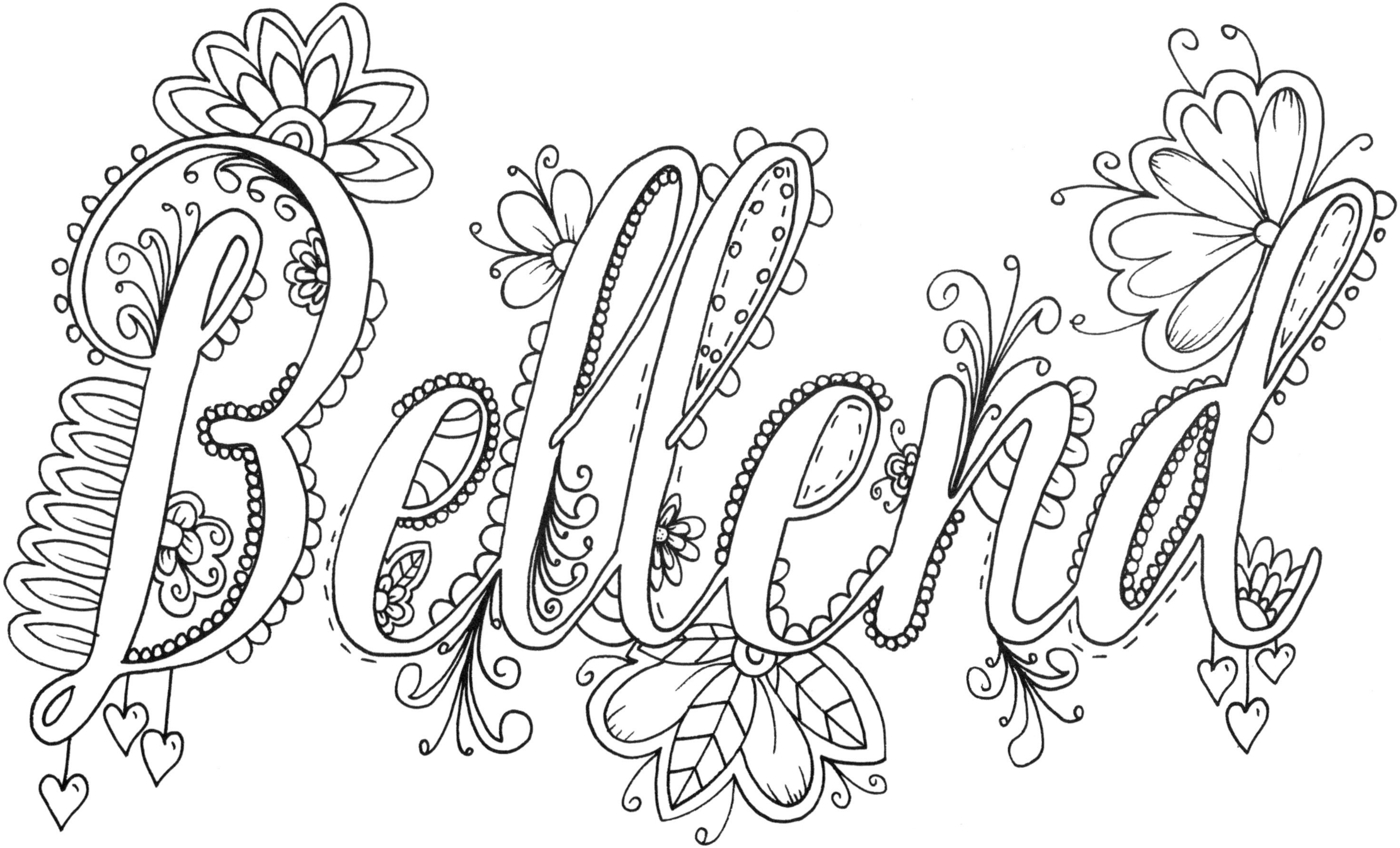
Bellend

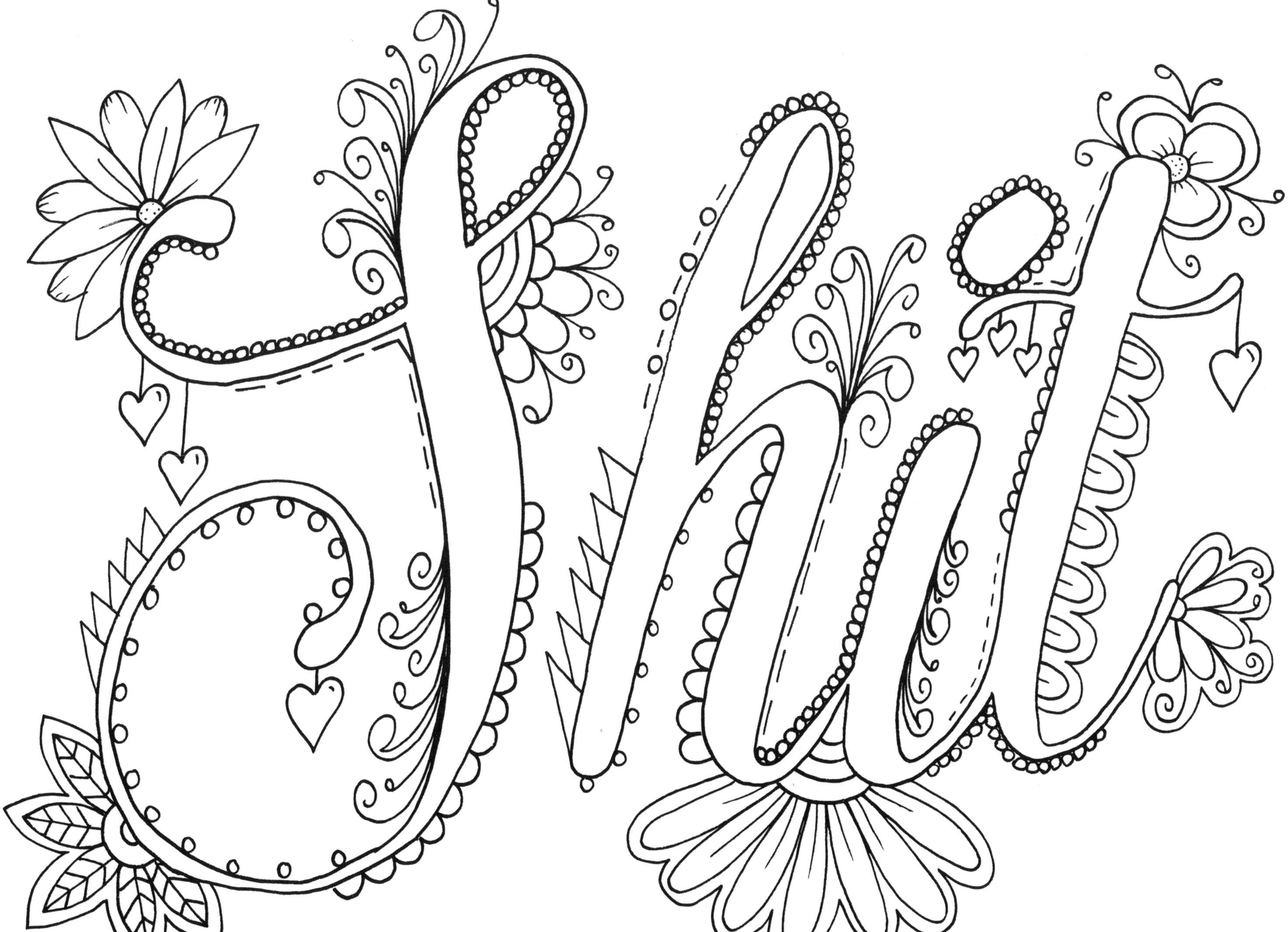
Shit

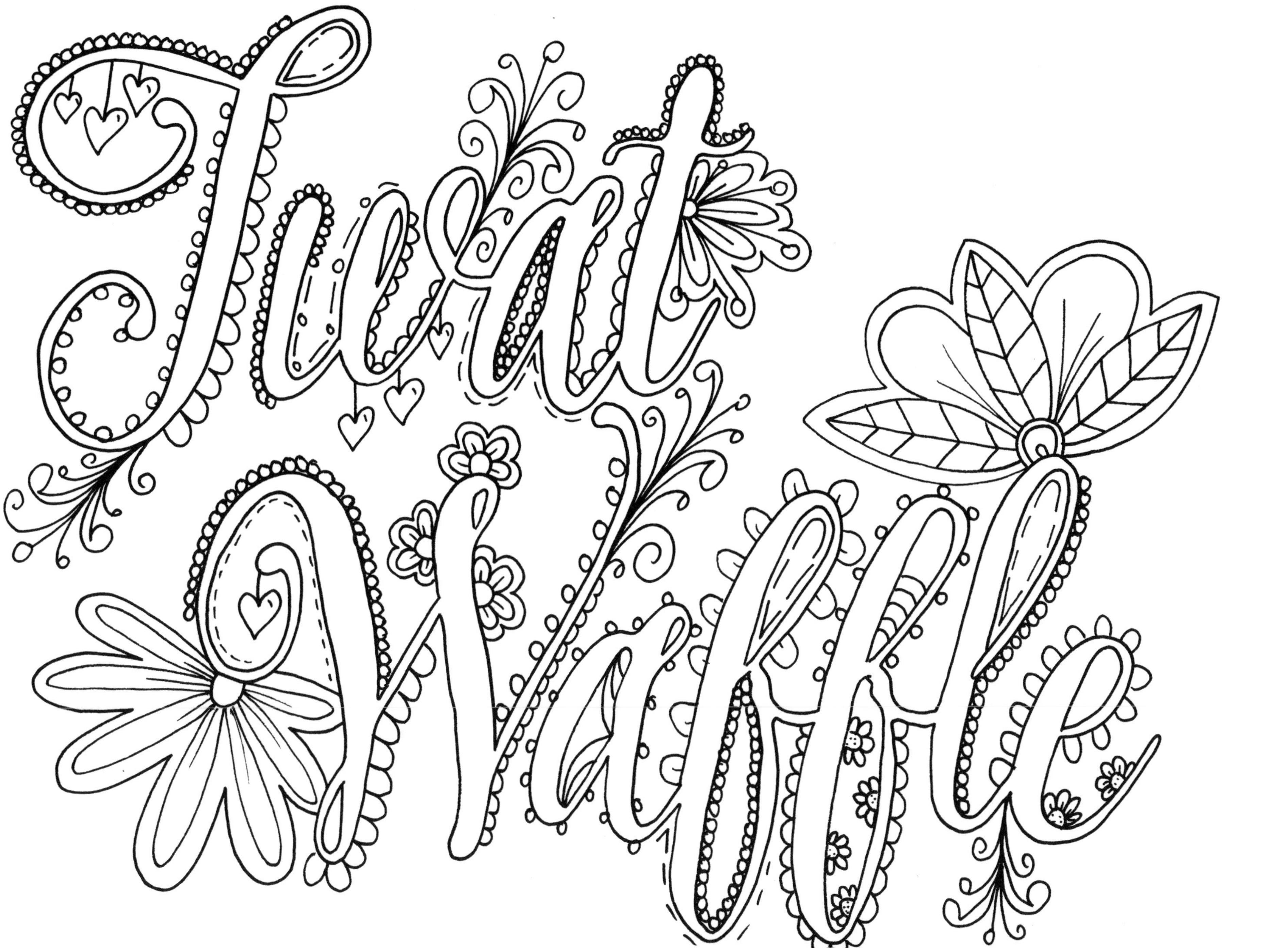
Twat Waffle

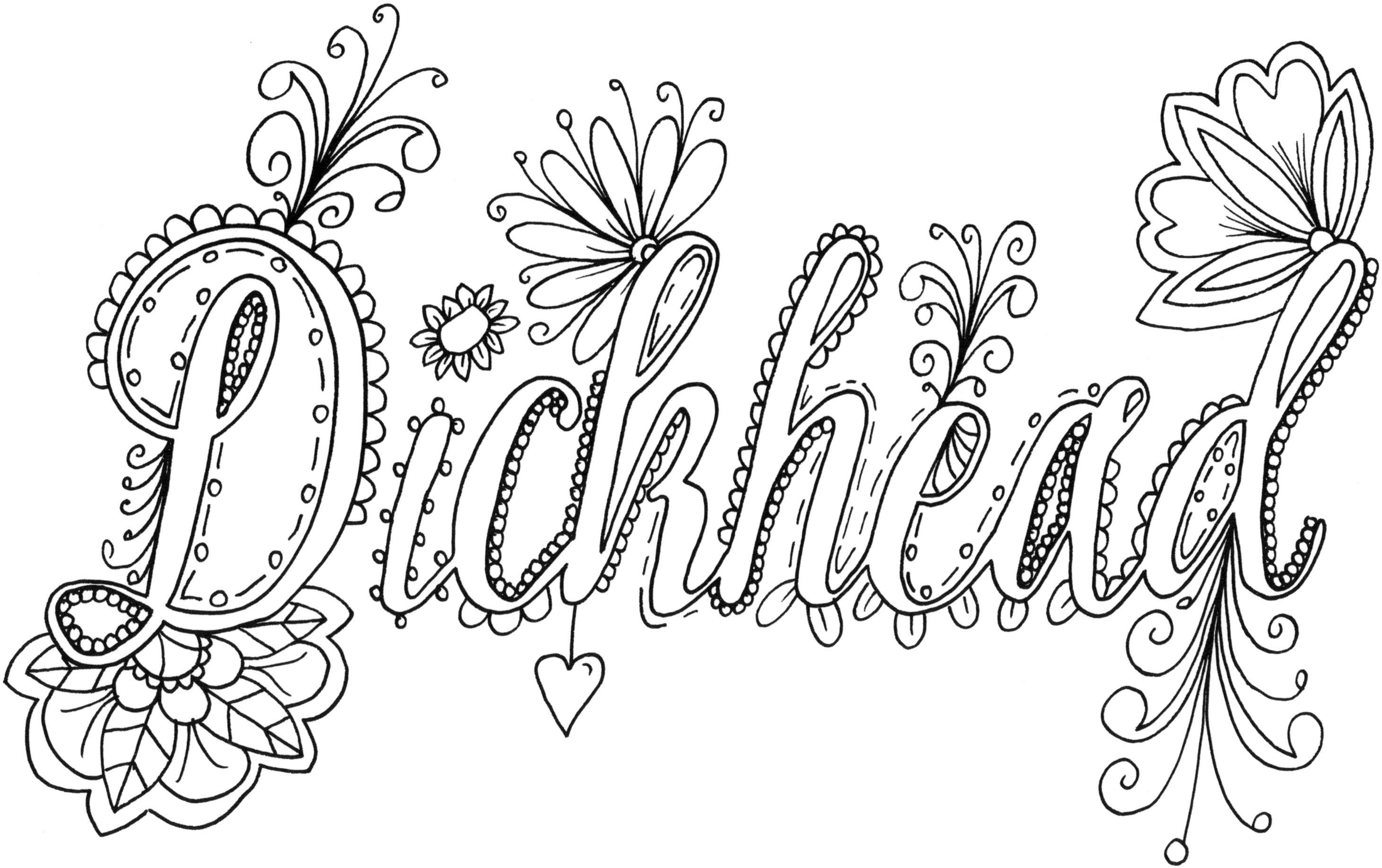
Dickhead

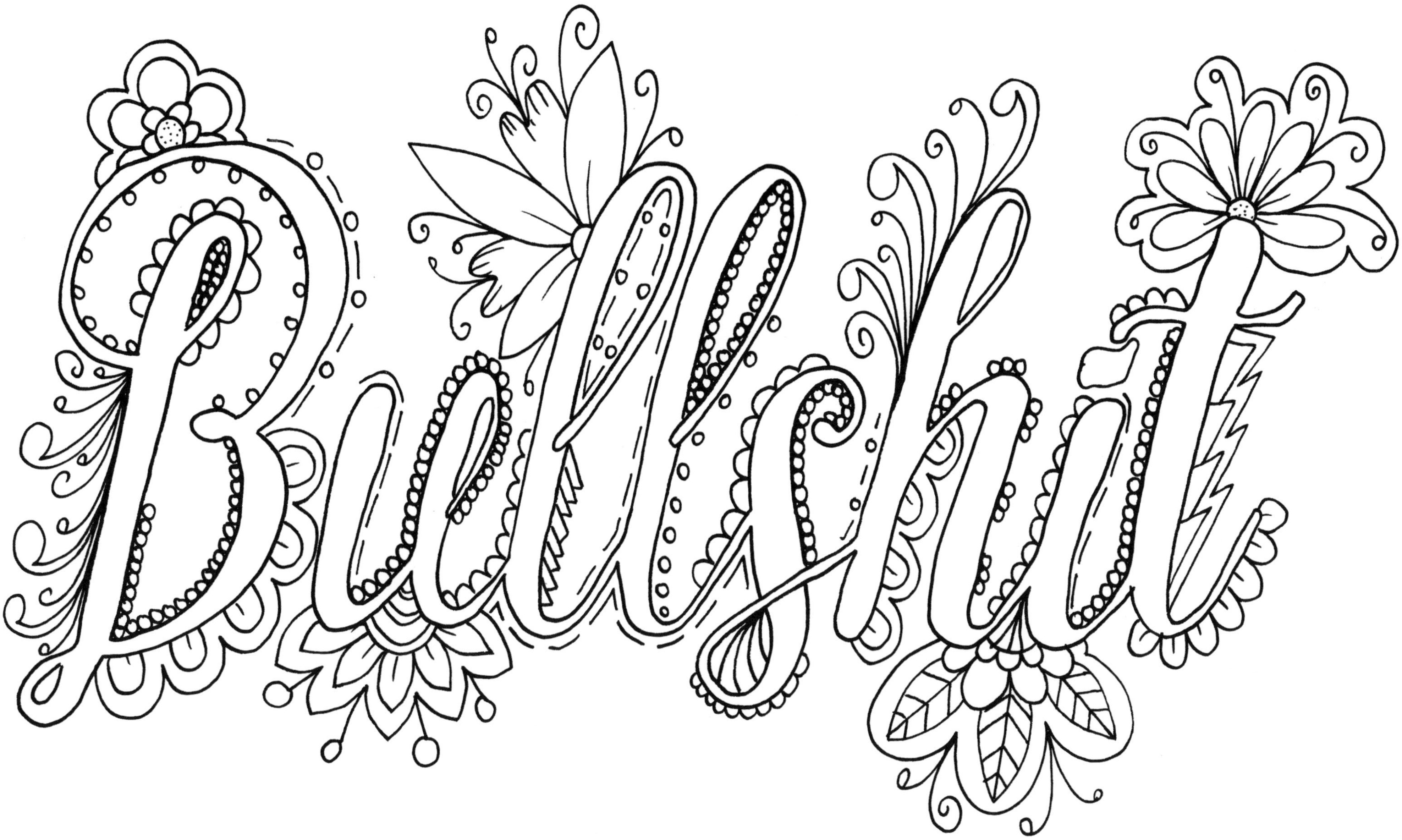
Bullshit

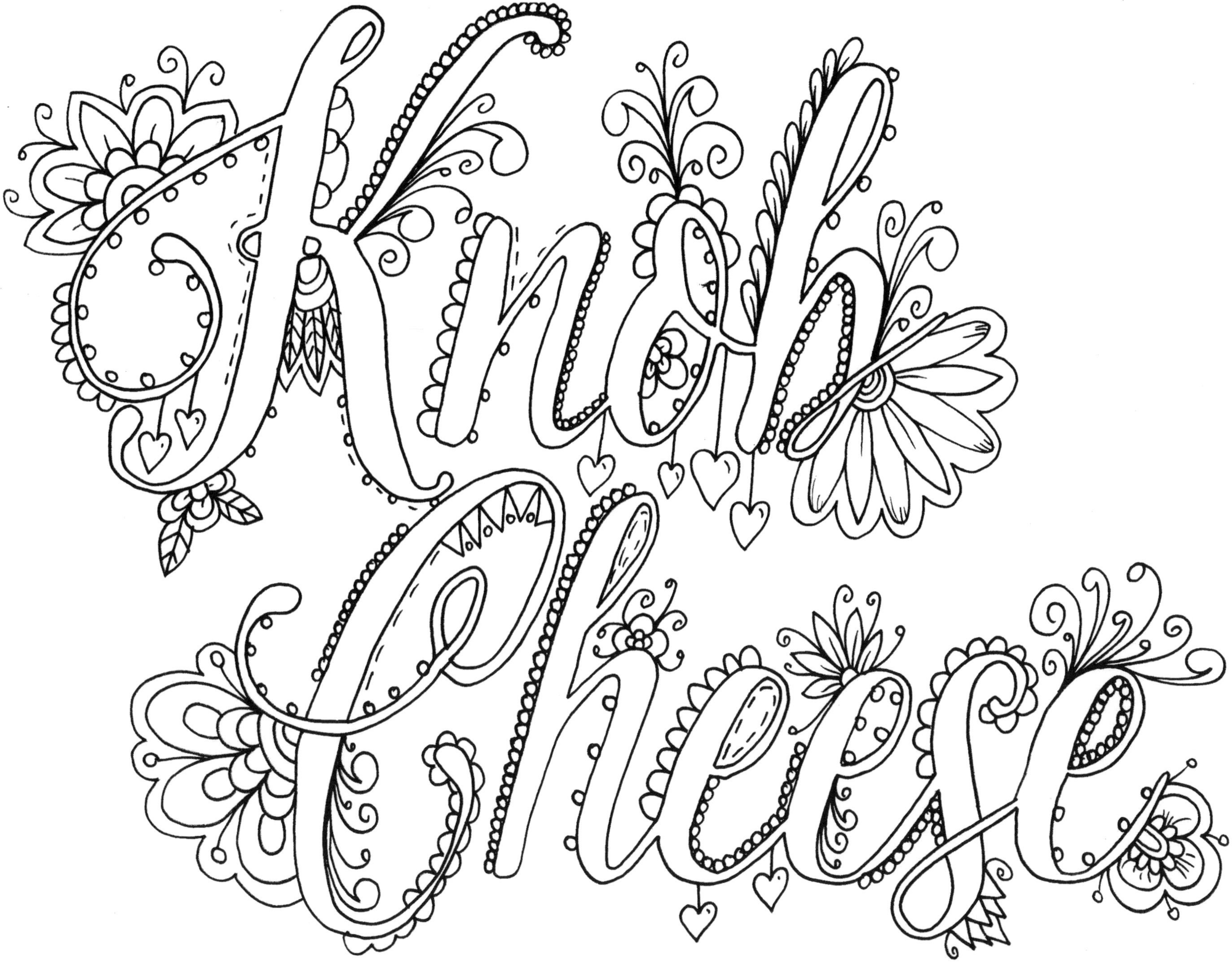
Knob
Cheese

Wank
Stain

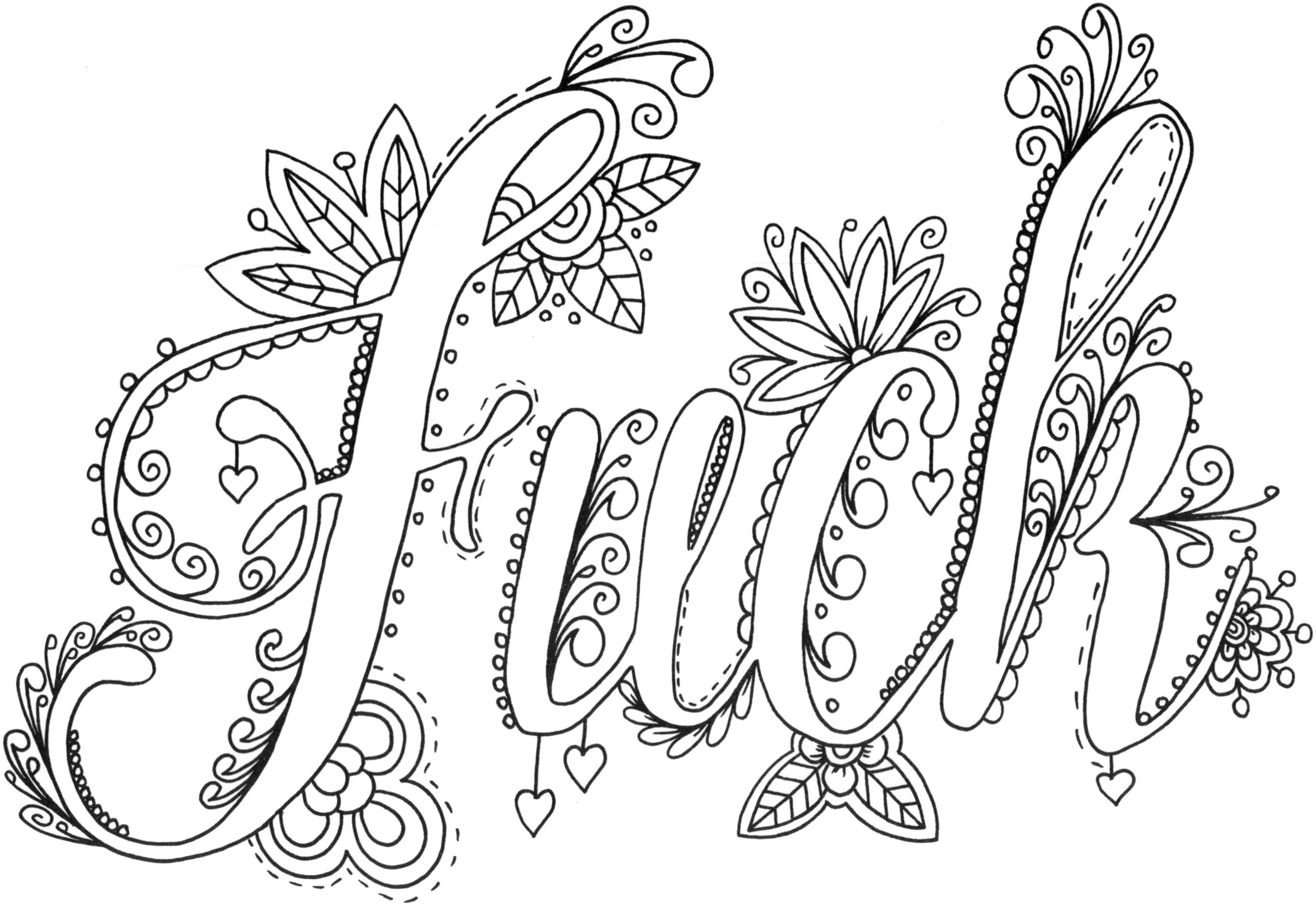
Fuck

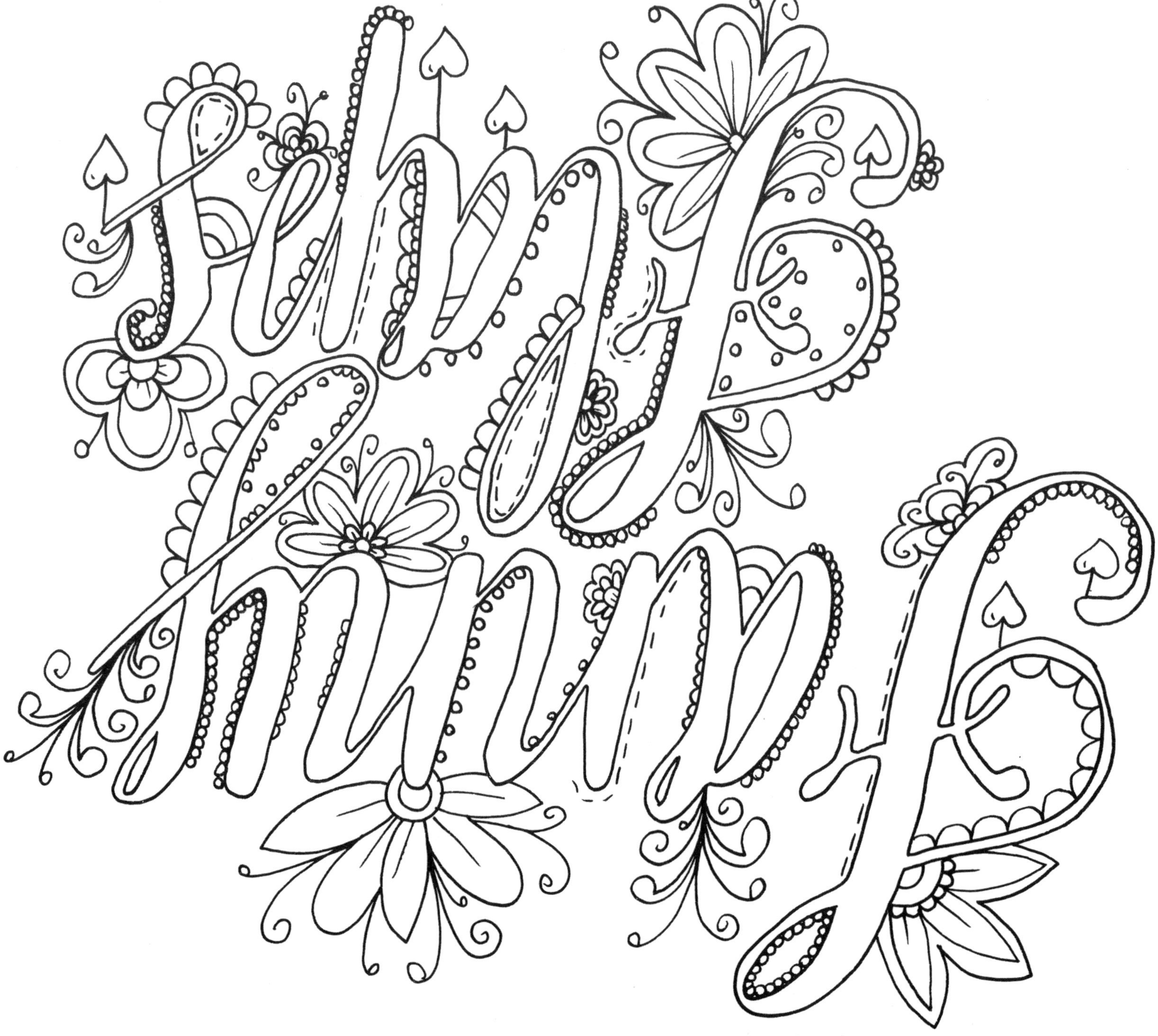

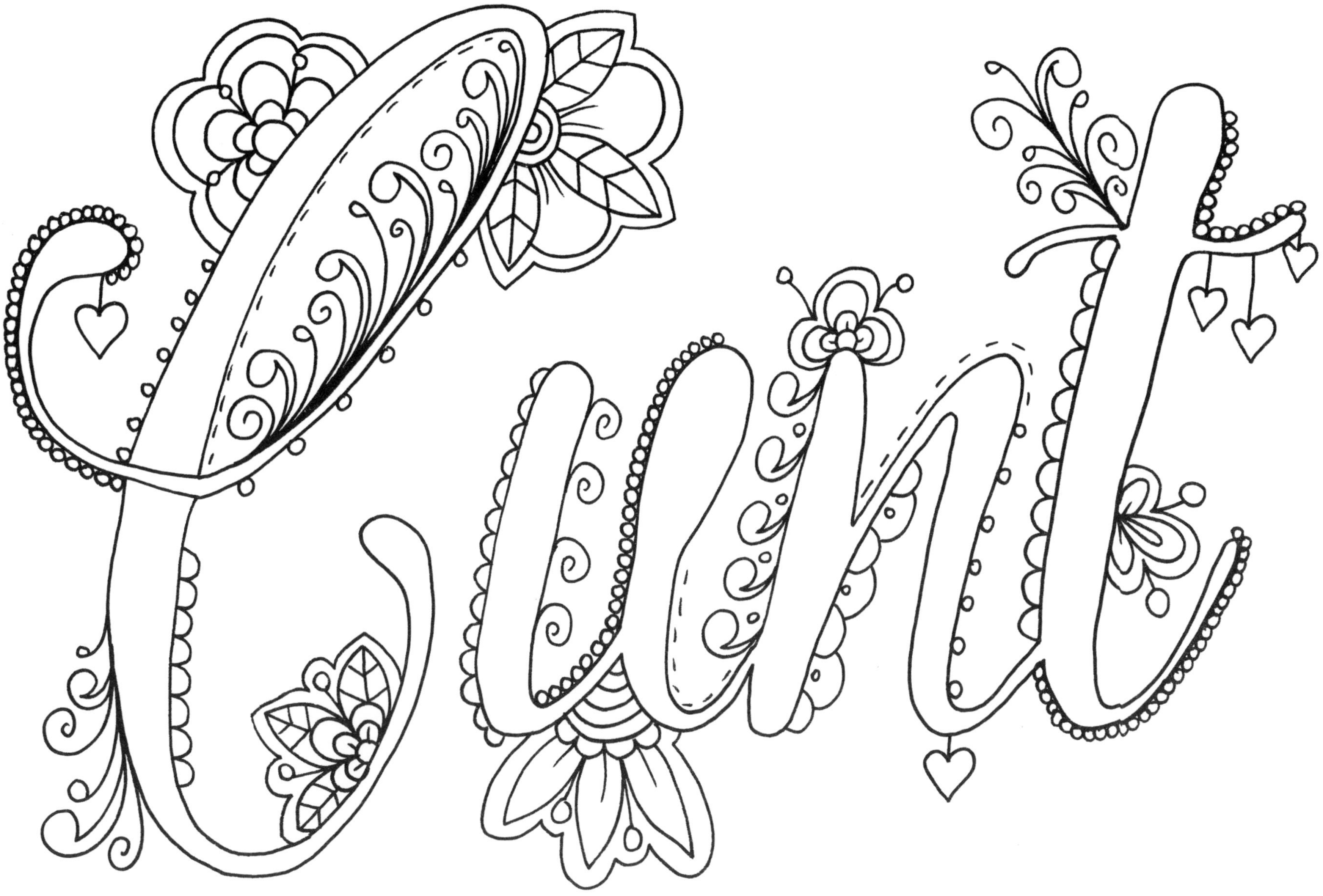
Cunt

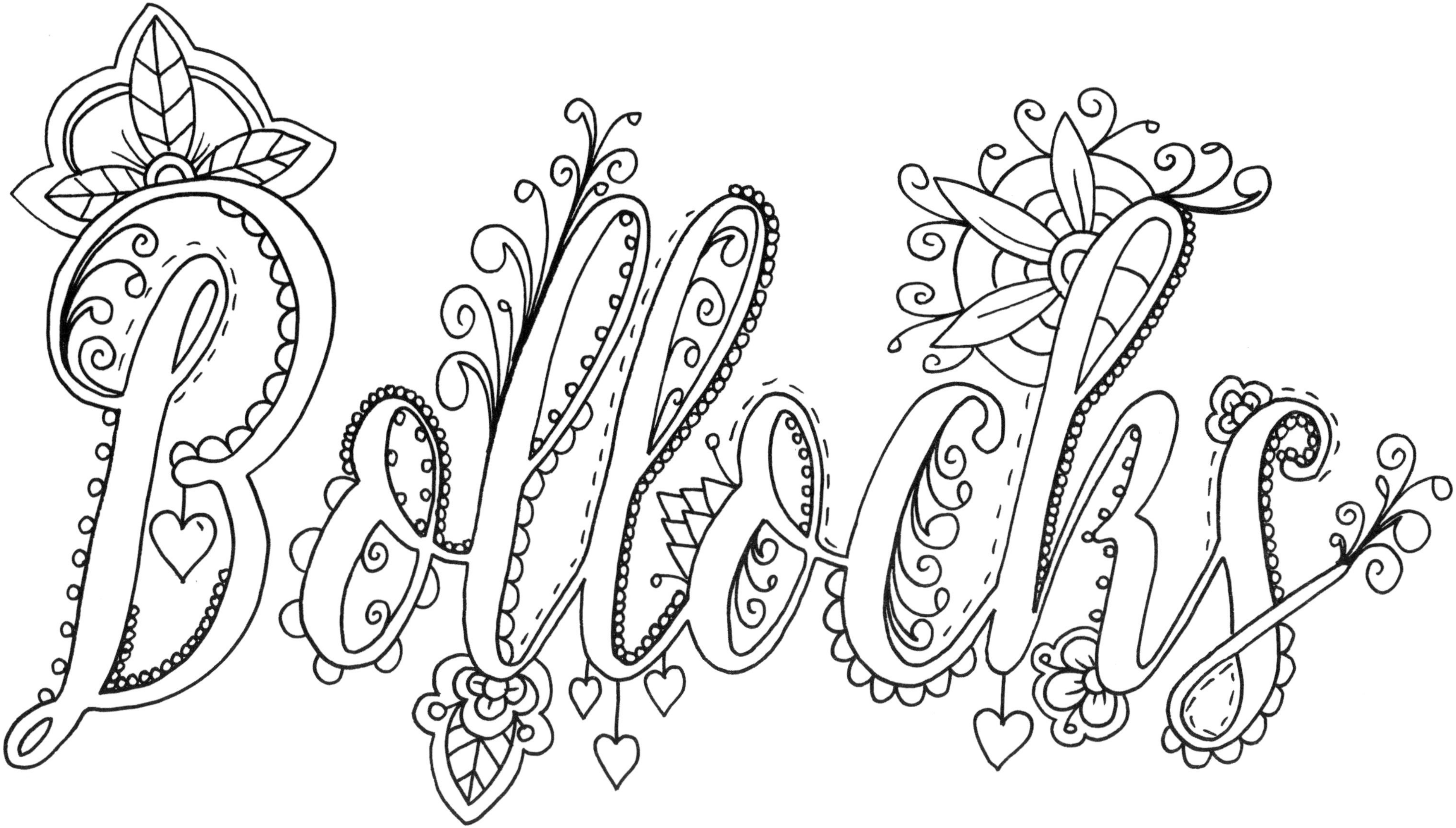
Bollocks

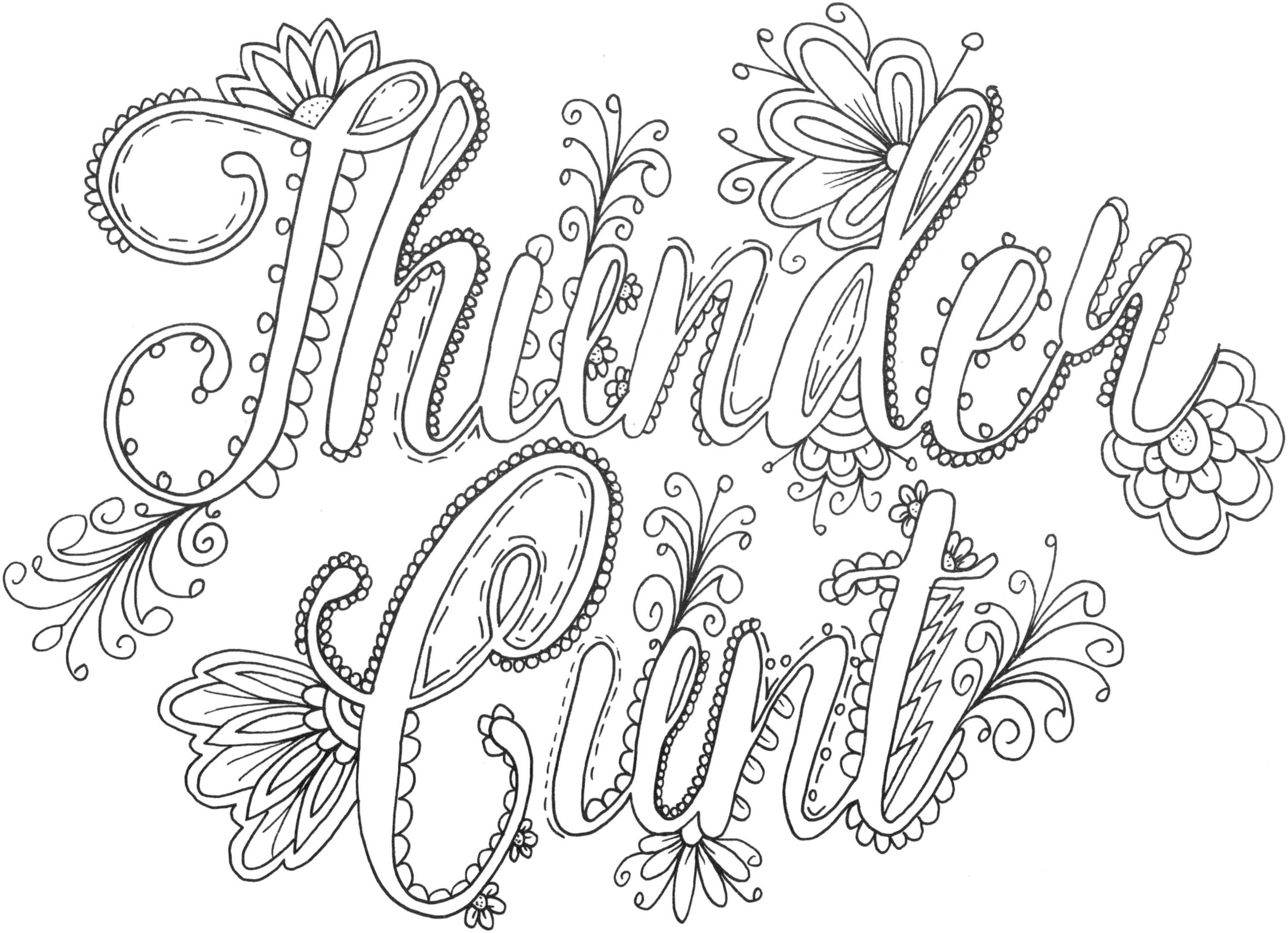
Thunder
Cunt

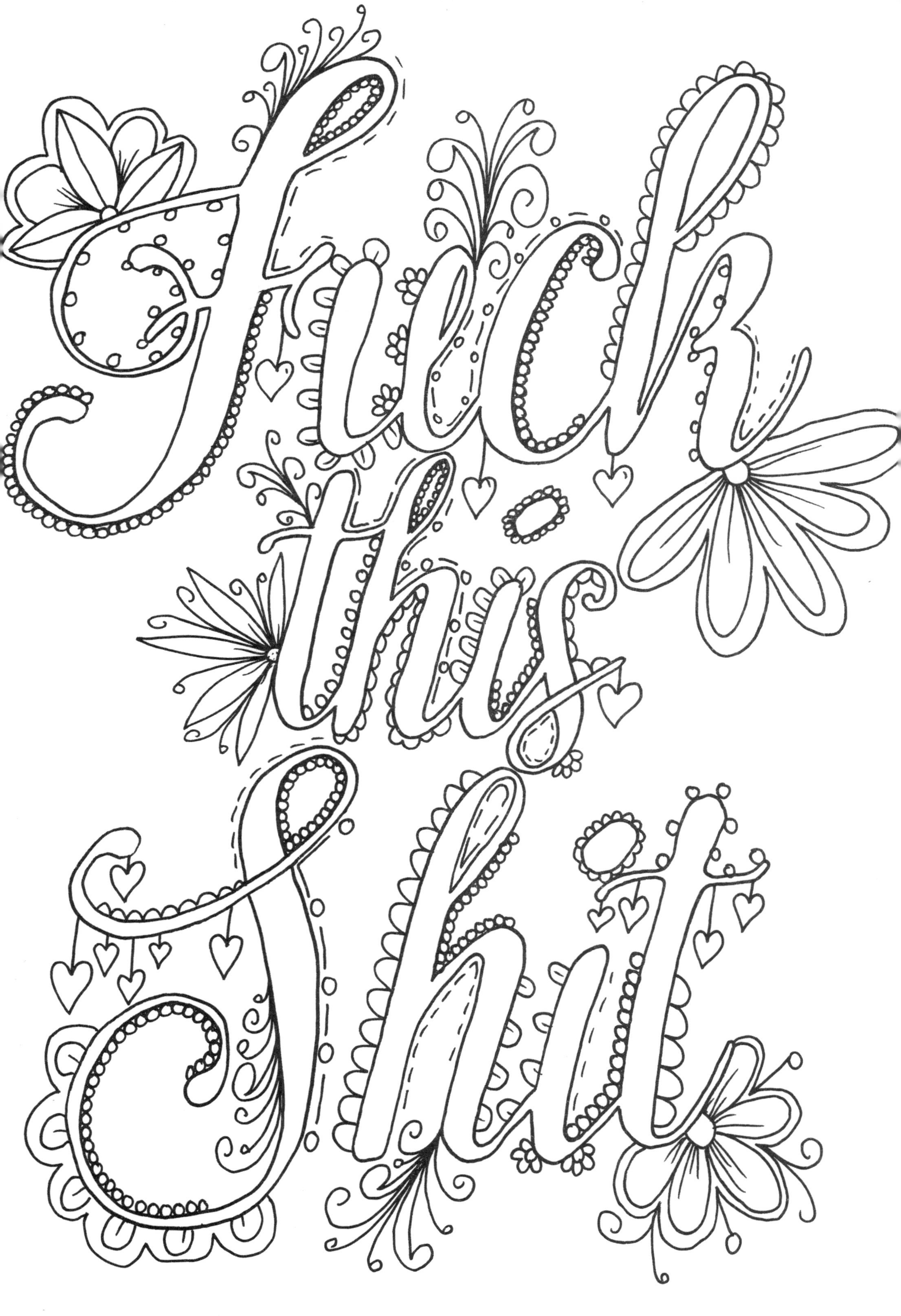
Fuck
this
Shit